江苏省地方标准

低收缩低徐变桥梁高性能混凝土技术规程
Technical code for low shrinkage and low creep high performance concrete of bridge

DB 32/T 2170—2012

主编部门：东 南 大 学
批准部门：江苏省质量技术监督局
实行日期：2012年12月28日

东南大学出版社
·南京·

图书在版编目(CIP)数据

低收缩低徐变桥梁高性能混凝土技术规程 / 钱春香等编著. — 南京：东南大学出版社，2013.12
ISBN 978-7-5641-4712-9

Ⅰ. ①低… Ⅱ. ①钱… Ⅲ. ①桥梁结构—混凝土结构—技术操作规程 Ⅳ. ①U443-65②TU377-65

中国版本图书馆CIP数据核字(2013)第320094号

江苏省地方标准

低收缩低徐变桥梁高性能混凝土技术规程

DB 32/T 2170—2012

东南大学　主编

东南大学出版社出版
(地址：南京市四牌楼2号　邮编：210096)
江苏省新华书店经销
南京玉河印刷厂印刷
开本：850 mm×1168 mm　1/32　印张：1.125　字数：28千
2013年12月第1版　2013年12月第1次印刷
ISBN 978-7-5641-4712-9
定价：10.00元

ICS 91.08.04
P25
备案号：36372-2013

DB32

江苏省地方标准

DB 32/T 2170-2012

低收缩低徐变桥梁高性能混凝土技术规程

Technical code forlow shrinkage and low creep high performance concrete of bridge

2012-12-28 发布　　　　　2013-02-28 实施

江苏省质量技术监督局发布

前 言

为了满足桥梁结构类型多样性和服役环境复杂性的需要，加强质量管理，促进技术进步，保障桥梁结构正常使用功能和良好的耐久性，在汲取国内外桥梁建设，特别是江苏省近年来大型桥梁建设经验的基础上，制定本规程。

本规程参照《低收缩中低强度混凝土技术规程》（DGJ32/TJ 100）、《公路桥涵施工技术规范》（JTG/T F50）等规程和规范制定。

本规程按《标准化工作导则 第 1 部分：标准的结构和编写》（GB/T 1.1—2009）编制。

本规程附录 A 为规范性附录。

本规程主编单位：东南大学。

本规程参编单位：南京隧桥管理有限公司、南京市市政公用工程质量安全监督站。

本规程主要起草人：钱春香、胡迎波、王霆、冯士群、何智海、张昇。

编制说明

国内外大量在役桥梁的建设和使用经验表明，收缩、徐变是桥梁长期变形、跨中下挠过大的重要因素，直接影响到桥梁的安全使用；在新建桥梁中，收缩徐变发展规律也是施工控制的重要参数，收缩、徐变的稳定期也常常是控制施工进度的关键节点。然而，目前尚无专门的国家或者行业、地方技术规范，用以指导低收缩、低徐变桥梁高性能混凝土的制备。特别是近年来，随着新型化学外加剂等功能组分的出现和推广应用，桥梁混凝土的收缩徐变特性已经发生很大变化，在桥梁混凝土制备过程中亟须吸收最新的研究成果。

江苏是中国桥梁建设大省，几十年来，通过苏通大桥，润扬长江大桥、泰州大桥，南京长江二桥、长江三桥、长江四桥，京杭运河大桥等一系列大型桥梁建设，在混凝土收缩徐变控制技术方面积累了大量宝贵经验，有必要进行总结和提炼。

《低收缩低徐变桥梁高性能混凝土技术规程》是在吸收相关研究成果和桥梁建设经验的基础上编制的，它规范了低收缩、低徐变桥梁混凝土的原材料选用，配合比设计，工厂或现场生产、浇筑养护工艺，以及混凝土收缩徐变性能验收等环节，对于进一步提升桥梁建设水平具有重要意义。

目　　次

1 范围 …………………………………………………（ 1 ）
2 规范性引用文件 ……………………………………（ 2 ）
3 术语和定义 …………………………………………（ 3 ）
4 基本规定 ……………………………………………（ 4 ）
5 环境等级 ……………………………………………（ 5 ）
6 原材料 ………………………………………………（ 8 ）
7 配合比设计 …………………………………………（10）
8 生产与施工 …………………………………………（11）
9 养护 …………………………………………………（13）
10 验收 …………………………………………………（14）
附录 A　混凝土的徐变试验方法(葫芦串法) ………（15）
本规程用词说明 …………………………………………（17）
附：条文说明 ……………………………………………（18）

1 范围

本规程规定了低收缩低徐变桥梁高性能混凝土(以下简称桥梁混凝土)技术规程的术语和定义、基本规定、环境等级、原材料、配合比设计、生产与施工、养护、验收。

本规程适用于公路、铁路、市政等桥梁工程中需要考虑收缩及徐变的结构混凝土。

2 规范性引用文件

下列文件对于本规范的应用是必不可少的。凡是未标注年份的引用文件,均为最新版本。

GB 175	通用硅酸盐水泥
GB 8076	混凝土外加剂
GB 50164	混凝土质量控制标准
GB 50204	混凝土结构工程施工质量验收规范
GB 50496	大体积混凝土施工规范
GB/T 1596	用于水泥和混凝土中的粉煤灰
GB/T 18046	用于水泥和混凝土中的粒化高炉矿渣粉
GB/T 50080	普通混凝土拌合物性能试验方法标准
GB/T 50082	普通混凝土长期性能和耐久性能试验方法标准
DB32/T 1717	大跨径桥梁高性能混凝土质量控制
DGJ32/TJ 100	低收缩中低强度混凝土技术规程
JGJ 55	普通混凝土配合比设计规程
JGJ 63	混凝土用水标准
JG/T 5094	混凝土搅拌运输车
JTG E42	公路工程集料试验规程
JTG/T B07-01	公路工程混凝土结构防腐蚀技术规范
JTG/T F50	公路桥涵施工技术规范
QC/T 718	混凝土泵车

3 术语和定义

下列术语和定义适用于本规程:

3.1 桥梁高性能混凝土 High performance concrete of bridge

具有良好工作性及耐久性,强度等级为 C35~C65,用于桥梁结构中梁、拱、板及塔等需要考虑收缩徐变的混凝土。

3.2 低收缩桥梁混凝土 Low shrinkage bridge concrete

7 d 干燥收缩值$\leqslant 100\times 10^{-6}$,28 d 干燥收缩值$\leqslant 250\times 10^{-6}$。

3.3 低徐变桥梁混凝土 Low creep bridge concrete

7 d 干燥收缩值$\leqslant 100\times 10^{-6}$,28 d 干燥收缩值$\leqslant 250\times 10^{-6}$,90 d 徐变度$\leqslant 30\times 10^{-6}/\mathrm{MPa}$。

3.4 超低收缩桥梁混凝土 Ultra low shrinkage bridge concrete

7 d 干燥收缩值$\leqslant 80\times 10^{-6}$,28 d 干燥收缩值$\leqslant 150\times 10^{-6}$。

3.5 超低徐变桥梁混凝土 Ultra low creep bridge concrete

7 d 干燥收缩值$\leqslant 80\times 10^{-6}$,28 d 干燥收缩值$\leqslant 150\times 10^{-6}$,90 d 徐变度$\leqslant 20\times 10^{-6}/\mathrm{MPa}$。

4 基本规定

4.1 桥梁混凝土应达到桥梁设计要求的强度等级,在设计使用年限内应满足桥梁结构承载和正常使用要求。

4.2 根据桥梁的不同结构部位特点和使用环境,确定混凝土的性能指标,通过试验确定具体的配合比。

4.3 桥梁混凝土在脱模后,应注重养护。

5 环境等级

5.1 环境对桥梁混凝土的作用等级应根据具体情况按表1确定。

表1 桥梁混凝土的环境作用等级及实例

环境类别	环境作用等级	环境条件	桥梁构件实例	混凝土配合比设计应考虑的因素
一般环境	Ⅰ-B 轻度	非干湿交替的露天环境	箱梁底部	收缩徐变控制、抗碳化
	Ⅰ-C 中度	干湿交替环境	箱梁、桥塔	收缩徐变控制、抗碳化、大体积混凝土水化热控制
冻融环境	Ⅱ-C 中度	寒冷地区无盐环境混凝土、中度保水	箱梁	抗冻、收缩徐变控制
	Ⅱ-D 严重	寒冷地区无盐环境混凝土、高度保水	桥塔	收缩徐变控制、大体积混凝土水化热控制、抗冻
		寒冷地区有盐环境混凝土、中度保水	箱梁、盖梁	抗冻、收缩徐变控制
海洋氯化物环境	Ⅲ-D 严重	大气区(轻度盐雾)距离平均水位15 m高度以上的海上大气区、涨潮海岸线以外100～300 m以内的环境	盖梁以上的梁、盖梁以上桥塔	抗碳化、抗氯离子渗透、收缩徐变控制、大体积混凝土水化热控制
			桥面板	收缩控制
	Ⅲ-E 非常严重	大气区(重度盐雾)距离平均水位15 m高度以下的海上大气区、潮汐区和浪溅区(非炎热地带)	盖梁、盖梁以下桥塔	抗碳化、抗氯离子渗透、收缩徐变控制、大体积混凝土水化热控制

续表

环境类别	环境作用等级	环境条件	桥梁构件实例	混凝土配合比设计应考虑的因素
除冰盐等非海洋氯化物环境	Ⅳ-D 严重	受除冰盐水溶液轻度溅射接触较高浓度氯离子,并且有干湿交替	桥塔、梁	抗氯离子渗透、大体积混凝土水化热控制、收缩徐变控制
			桥面板	抗氯离子渗透、收缩控制
	Ⅳ-E 非常严重	直接接触除冰盐	桥塔、梁	抗氯离子渗透、大体积混凝土水化热控制、收缩徐变控制
			桥面板	抗氯离子渗透、收缩控制
化学腐蚀环境	Ⅴ-D 严重	酸雨(雾、露)pH值不小于4.5	桥塔、梁	抗硫酸盐侵蚀、大体积混凝土水化热控制、收缩徐变控制
			桥面板	抗硫酸盐侵蚀、收缩控制
	Ⅴ-E 非常严重	酸雨(雾、露)pH值小于4.5	桥塔、梁	抗硫酸盐侵蚀、大体积混凝土水化热控制、收缩徐变控制
			桥面板	抗硫酸盐侵蚀、收缩控制

5.2 混凝土收缩徐变控制等级按表2的工程所处环境的温、湿度和风速划分。

表 2 收缩徐变控制等级

收缩徐变控制等级	最高月平均温度（℃）	最高月平均湿度（%）	最高月平均风速（km/h）
低收缩、低徐变控制	其余		
超低收缩、超低徐变控制	≥30	<60	≥30

5.3 当构件受到多种环境类别共同作用时，应分别满足每种环境类别单独作用下的耐久性要求。

6 原材料

6.1 水泥

6.1.1 等级为42.5级或52.5级的硅酸盐水泥或普通硅酸盐水泥。

6.1.2 水泥熟料中C_3A含量不宜超过8%,水泥比表面积不宜超过350 m^2/kg。其它性能指标应符合《通用硅酸盐水泥》GB 175 的规定。

6.1.3 水泥使用温度不宜超过60℃。

6.2 集料

6.2.1 宜采用非碱活性集料;若采用碱硅酸反应活性集料时,应采用低碱水泥,或掺加活性矿物掺合料,控制混凝土总碱量不大于3.0 kg/m^3,并按《公路工程集料试验规程》JTG E42 进行抑制集料碱活性效能试验;禁止使用碱碳酸盐反应活性集料。

6.2.2 细集料

6.2.2.1 宜采用细度模数为2.3～3.0的中砂,级配为Ⅱ区,预制梁所用砂的细度模数宜为2.6～3.0。

6.2.2.2 吸水率≤2.0%;泥含量≤1.0%,泥块含量≤0.5%;有抗冻、抗渗或其它特殊要求时,云母含量≤0.5%;含有硫化物颗粒时,应进行混凝土耐久性试验,混凝土硫化物及硫酸盐含量(折算为三氧化硫)≤0.5%。

6.2.2.3 其它技术指标应符合《公路桥涵施工技术规范》JTG/T F50 的规定。

6.2.3 粗集料

6.2.3.1 吸水率≤2.0%,干湿循环及抗冻要求时吸水率≤1.0%;泥含量≤0.5%,泥块含量≤0.3%,氯离子含量≤0.02%;

堆积空隙率≤40.0%;硫化物及硫酸盐含量(折算为三氧化硫)≤0.5%;预制梁和C60及以上现浇混凝土,针片状颗粒含量≤5.0%;其它混凝土,针片状颗粒含量≤10.0%。

6.2.3.2 其它技术指标应符合《公路桥涵施工技术规范》JTG/T F50 的规定。

6.3 矿物掺合料

6.3.1 粉煤灰

6.3.1.1 C50及以上混凝土宜选用F类Ⅰ级粉煤灰,其性能指标应符合《用于水泥和混凝土中的粉煤灰》GB/T 1596 的规定。

6.3.1.2 其它等级混凝土优先使用F类Ⅰ级粉煤灰;若使用F类Ⅱ级粉煤灰,其烧失量应小于5%,其它性能指标应符合GB/T 1596 的规定。

6.3.2 矿渣粉

应选符合《用于水泥和混凝土中的粒化高炉矿渣粉》GB/T 18046 中规定的S95级矿渣粉。

6.4 外加剂

6.4.1 优先选用聚羧酸高性能减水剂,减水率应不小于25%,泌水率比应不大于60%,28 d 混凝土收缩率比应不大于100%,其它性能指标应符合《混凝土外加剂》GB 8076 的规定。

6.4.2 超低收缩、超低徐变桥梁混凝土采用的减缩剂,掺量为2%时,混凝土 28 d 收缩率比应不小于50%,28 d 抗压强度比应不小于85%,试验方法按《混凝土外加剂》GB 8076 执行。

6.5 水

所用的拌合水,应符合《混凝土用水标准》JGJ 63 的规定。

7 配合比设计

7.1 桥梁混凝土工作性、强度和抗渗性设计按《普通混凝土配合比设计规程》JGJ 55 执行。

7.2 大体积混凝土配合比设计按《大体积混凝土施工规范》GB 50496 执行。

7.3 抗碳化、抗冻、抗硫酸盐侵蚀及抗氯离子渗透混凝土配合比设计按《大跨径桥梁高性能混凝土质量控制》DB32/T 1717 执行。

7.4 低收缩混凝土、低徐变混凝土配合比设计

7.4.1 最大用水量、最大胶凝材料用量及集料体积分数按表3进行。

表3 低收缩低徐变混凝土最大用水量、最大胶凝材料用量及集料体积分数

强度等级	最大用水量（kg/m³）	最大胶凝材料用量（kg/m³）	集料体积分数
C35	160	380	
C40、C45、C50	150	450	≥0.65
C55、C60、C65	150	550	

7.4.2 宜复合掺加粉煤灰和矿渣粉。采用42.5级普通水泥时，掺量宜为胶凝材料总量的20%～25%；采用硅酸盐水泥或52.5级普通水泥时，掺量为胶凝材料总量的25%～30%。粉煤灰与矿渣粉的质量比宜为1∶1。

7.5 超低收缩混凝土、超低徐变混凝土

7.5.1 在7.4的基础上，宜采用减缩剂，掺量根据试验确定。

7.5.2 使用减缩剂时，应减少单位用水量，降低水胶比，避免混凝土强度下降，并通过试验验证耐久性。

8 生产与施工

8.1 施工准备

8.1.1 原材料检验按下列规定进行：

1） 水泥和矿物掺合料：水泥按《通用硅酸盐水泥》GB 175 规定进行检验；矿物掺合料按《用于水泥和混凝土中的粉煤灰》GB/T 1596 和《用于水泥和混凝土中的粒化高炉矿渣粉》GB/T 18046 规定进行检验。

2） 粗细集料：应按场地、类别、加工方法和规格等不同情况，分批进行检验，取样和试验按《公路工程集料试验规程》JTG E42 执行。

8.1.2 质量、安全、环境等其它施工准备工作按《公路桥涵施工技术规范》JTG/T F50 执行。

8.2 搅拌

8.2.1 当采用减缩剂时，混凝土搅拌时间应延长 0.5 min。

8.2.2 其余搅拌要求按《公路桥涵施工技术规范》JTG/T F50 和《混凝土质量控制标准》GB 50164 执行。

8.3 运输

8.3.1 运距较远时，宜采用符合《混凝土搅拌运输车》JG/T 5094 规定的搅拌运输车；运距较近时，也可采用符合《混凝土泵车》QC/T 718 要求的泵车运输。

8.3.2 其余运输规定按《公路桥涵施工技术规范》JTG/T F50 和《混凝土质量控制标准》GB 50164 执行。

8.4 浇筑

8.4.1 浇筑前应在搅拌地点和浇筑地点分别检验混凝土拌合物性能和硬化混凝土性能，检验内容和方法除按《混凝土质量控制标准》GB 50164 和《公路桥涵施工技术规范》JTG/T F50 执行外,还应检验收缩和徐变性能,收缩试验按《普通混凝土长期性能和耐久性试验方法标准》GB/T 50082 执行,徐变试验按《普通混凝土长期性能和耐久性能试验方法标准》GB/T 50082 或本规程附录 A 执行。

8.4.2 相同强度等级、相同材料来源、相同配合比的混凝土的收缩和徐变检验应不少于 1 次。

8.4.2 其余浇筑要求应符合《公路桥涵施工技术规范》JTG/T F50 规定。

9 养 护

9.1 混凝土浇筑完成后应立即在表面覆盖清洁的塑料薄膜,初凝后撤去塑料薄膜,用吸水性强的粗麻布、土工布等进行覆盖并洒水养护,养护时间不小于14d,混凝土表面有模板覆盖时,应使模板保持湿润。

9.2 混凝土养护水温度与混凝土表面温度相差应不大于15℃。

9.3 对于大体积混凝土按《大体积混凝土施工规范》GB 50496规定进行养护。

9.4 其余应符合《公路桥涵施工技术规范》JTG/T F50规定。

10 验 收

10.1.1 混凝土收缩徐变性能验收采用运输至施工现场的混凝土拌合物,制作试件,再进行与施工现场同条件养护试验。同一结构部位、相同强度等级的混凝土检验应不少于1次。

10.1.2 结构混凝土其它性能验收按《混凝土结构工程施工质量验收规范》GB 50204 执行。

附录 A 混凝土的徐变试验方法(葫芦串法)

A.1.1 试验目的
测量混凝土不同龄期徐变度。

A.1.2 试验方法

1) 根据试验配合比成型尺寸为 130 mm×130 mm×400 mm 的试件,中间预埋直径为 30 mm 的 PVC 管作为加载时预应力钢筋的通道,4 个试件组成一串,俗称"葫芦串"。

2) 成型时在混凝土中间位置预先埋设振弦式应变计,用以测量混凝土应变。

3) 试件养护 7 d 后,采取 100 t 的穿心式千斤顶对 PVC 管中预应力钢筋(公称直径 25 mm 精轧螺纹钢)进行张拉,通过振弦式压力传感器控制加载应力,其加载应力为试件棱柱体抗压强度的 40%。压力传感器数值小于初值张拉力的 2%时,应对试件进行预应力补张,以保证加载应力长期稳定。加载装置示意图见图 A.1。

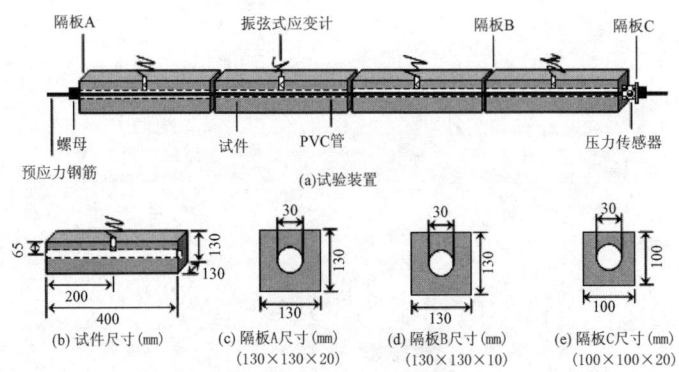

图 A.1 "葫芦串"加载装置示意图

4) 同条件成型混凝土,测量 7 d 以后无加载应力下的干燥收缩应变,采用加载应力状态下的混凝土应变扣除相应龄期的干燥收缩应变,得到徐变应变。

5) "葫芦串"预应力加载徐变试验中其它参数指标应符合《普通混凝土长期性能和耐久性能试验方法标准》GB/T 50082 中"受压徐变试验"规定。

A.1.3 试验结果测量

混凝土徐变试验结果采用徐变度表示,其计算按《普通混凝土长期性能和耐久性能试验方法标准》GB/T 50082 中"受压徐变试验"执行。

本规程用词说明

1 为方便执行本规程条文时区别对待,对要求严格程度不同的用词说明如下:
1)表示很严格,非这样做不可的用词:
正面词采用"必须",反面词采用"严禁"。
2)表示严格,在正常情况下均应这样做的用词:
正面词采用"应",反面词采用"不得"或"不应"。
3)表示允许稍有选择,在条件许可时首先应这样做的用词:
正面词采用"宜",反面词采用"不宜"。
4)表示有选择,在一定条件下可以这样做的用词:
正面词采用"可",反面词采用"不可"。
2 条文中指定应按其它有关标准、规范执行时,写法为:"应符合……的规定"或"按……执行"。非必须按所指定的标准、规范执行时,写法为:"可参考……"。

江苏省地方标准

低收缩低徐变桥梁高性能混凝土技术规程

DB 32/T 2170—2012

条 文 说 明

目　次

1 范围 …………………………………………………（20）
3 术语和定义 …………………………………………（22）
5 环境等级 ……………………………………………（23）
6 原材料 ………………………………………………（25）
7 配合比设计 …………………………………………（26）
9 养护 …………………………………………………（27）

1 范 围

国内外大量现役桥梁的建设和使用经验表明,徐变是引起桥梁长期变形、跨中下挠过大的重要原因,直接影响到桥梁的安全使用;在新建桥梁中,收缩徐变发展规律也是施工控制的重要参数,在一些场合收缩徐变的稳定期是控制施工进度的关键点。

据"2007年美国工程调查报告"显示,59万座大桥中有27.1%存在结构性缺陷或者丧失使用功能,未来20年内,每年花费的维修费用高达94亿。最新的桥梁管理统计数据显示,欧洲存在各类混凝土病害的大型桥梁高达2 200座;在日本,则约有5 500座公路桥梁承载能力不足,其中钢筋混凝土桥梁4 500座。我国许多公路桥梁工程中出现混凝土结构物提前劣化的现象;我国华南地区有许多大型桥梁、码头使用7~25年即出现各种裂缝和破损,约占总数的89%。统计表明,由于混凝土材料本身,如水化温升,混凝土收缩、徐变等变形引起的混凝土开裂达到桥梁病害总量的80%,是造成桥梁寿命缩短的最主要因素之一,桥梁结构"未老先衰"现象已经成为一个普遍问题。

混凝土箱梁的长期下挠问题也是世界性的技术难题之一。欧洲混凝土委员会和国际预应力联合会调查了27座跨径从53~195 m的混凝土悬臂桥,有些桥梁在建造完成8~10年后挠度仍有明显的增长趋势。英国的Kingston桥是一座主跨为143.3 m的预应力混凝土箱梁桥,建成后30年,跨中下挠超过30 cm。美国1987年采用悬臂拼装法建成的主跨为195 m的Parrots渡桥是当时净跨最长的预应力轻集料混凝土连续刚构桥,该桥在使用12年后,跨中下挠约635 mm,实测的徐变比按照ACI 209公式计算的值大30%左右,这些桥的过大变形都直接或间接地与徐变有关。目前,国内一些大跨度的连续梁桥和连续刚构桥,在运营几年以内都不同程度地出现了跨中挠度过大和截面开裂问题,而且裂缝和挠度均随时间延续而不断发展,加剧桥梁工作状况的劣化。大跨径混凝土桥梁的长期变形和开裂问题,关系到桥梁结构的安全性和耐久性。据交通部的不完全统计,跨径在100～160 m的预应力混凝土桥梁,跨中年平均下挠0.5～1 cm;跨径在160～220 m的,跨中年平均下挠1～2 cm;跨径在220～270 m的,年平均下挠2～3 cm,而且长时间难以稳定。例如,国内一主跨245 m的连续刚构桥,跨中严重下挠,最大达32 cm,并且伴随出现大量的斜裂缝。

近年来,随着新型化学外加剂的出现和推广应用,桥梁混凝土的收缩徐变特性已经发生很大变化,在桥梁混凝土制备过程中亟须吸收最新的研究和应用成果。

江苏省处于淮河、长江中下游和太湖流域,水道密集,河流2 000多条,河面宽阔,其中重要的河流达20多条,这既为江苏省经济发展提供了便利,但也使得陆路交通的发展受到了阻碍。随着道路及高速铁路的快速发展,桥梁建设也飞速发展,江苏省先后建造了许多桥型丰富、技术含量高、投资巨大的大跨径桥梁。自江阴大桥建成通车以来,江苏省又修建了南京长江二桥、润扬大桥、南京长江三桥和苏通大桥等桥梁工程,同时也兴建了如灌河大桥、京杭运河大桥和新通扬运河大桥等大跨径桥梁,在混凝土收缩徐变控制技术方面积累了大量宝贵经验,因此有必要进行总结和提炼,为后续的桥梁工程建设所借鉴。

在此制定《低收缩低徐变桥梁高性能混凝土技术规程》,规范低收缩低徐变桥梁高性能混凝土的原材料选用,配合比设计,工厂或现场生产、浇筑养护工艺,以及混凝土收缩徐变性能验收等环节,对于保证桥梁工程质量,延长使用寿命,非常重要。

本条对本规程的使用范围做了规定。对于需要控制桥梁混凝土收缩徐变的构件具有很大的借鉴意义,特别是对于大面积、大体积、大跨径和超厚混凝土,本规程实用意义更大。

3 术语和定义

3.1 桥梁结构所处的环境条件复杂多变,施工设备及方法各异,桥梁混凝土应具备良好的工作性和耐久性,以满足混凝土的施工及使用性能。同时在查阅大量资料的基础上得出结论,江苏省桥梁混凝土强度等级一般为 C35~C65。

3.2~3.5 参考国内外关于收缩徐变标准的技术指标及江苏省内已建的大型桥梁的收缩徐变值,结合最新关于混凝土收缩徐变的控制技术,参照 DGJ32/TJ 100,制定收缩徐变指标。

徐变值根据以往的试验成果提出。以持荷 1 年为例,南京长江二桥 5 个混凝土配合比的徐变度为 21.9×10^{-6}~28.6×10^{-6}/MPa(加载龄期均为 7 d),宜万铁路宜昌长江铁路大桥 2 个混凝土配合比的徐变度为 21.1×10^{-6}~25.3×10^{-6}/MPa(加载龄期均为 7 d),黄石大桥主梁混凝土配合比的徐变度为 46.5×10^{-6}/MPa(加载龄期为 5 d)、30.2×10^{-6}/MPa(加载龄期为 28 d),海沧大桥主梁混凝土配合比的徐变度为 34.0×10^{-6}~35.7×10^{-6}/MPa(加载龄期为 3 d,持荷时间 150 d)。而五河口斜拉桥索塔 C50 和主梁 C60 高性能混凝土同条件下的徐变度为 23.7×10^{-6}~19.9×10^{-6}/MPa(加载龄期 7 d)、13.4×10^{-6}/MPa(加载龄期 28 d)[1],新通扬运河大桥 90 d 徐变度为 31×10^{-6}/MPa(加载龄期 7 d),京杭运河特大桥(淮安)90 d 徐变度为 27×10^{-6}/MPa(加载龄期 7 d)。另据文献资料,90 d 混凝土徐变度可以做到 9.5×10^{-6}/MPa(加载龄期 7 d)[2]。

---

[1] 陆采荣,姜竹生,刘世同,等. 五河口斜拉桥高性能混凝土长期变形试验研究. 公路,2006(5):20-26.

[2] Rafat Siddique, Juvas Klaus. Influence of metakaolin on the properties of mortar and concrete: A review. Applied Clay Science, 2009,43:392-400.

5 环境等级

5.1 本规程对桥梁结构所处环境的分类是按照环境引起材料性能劣化的不同机理,将环境大体分为5类,对于每类环境,又按不同的环境条件将其作用的严重程度分别纳入6个不同的环境作用等级。这种方法综合参考了国内外最新规范。

江苏省位于亚洲大陆东岸中纬度地带,属于东亚季风气候区,处于亚热带和暖温带的气候过渡地带。一般以淮河、苏北灌溉总渠为界,以北地区属于暖温带湿润、半湿润季风气候;以南属于亚热带湿润季风气候。江苏拥有954 km长的海岸线,其中连云港、盐城和南通为临海城市,海洋环境对江苏的气候环境有着明显的影响。在太阳辐射、大气环流以及江苏特定的地理位置、地貌特征的综合影响下,江苏基本的气候环境特点是:气候温暖、四季分明、季风显著、冬冷夏热、春温多变、秋高气爽、雨热同季、雨量充沛、降水集中、梅雨显著和光热充沛。江苏的主要气象灾害有暴雨、台风、强对流(包括大风、冰雹和龙卷风等)、雷电、洪涝、干旱、寒潮、雪灾、高温、大雾和连阴雨等。

江苏省年平均气温13.6~16.1℃,自南向北递减分布,全省年平均气温最高值出现在南部的东山,最低值出现在北部的赣榆。全省冬季的平均气温为3.0℃,极端最低气温为-23.4℃(宿迁,1969年2月5日),全省夏季平均气温为25.9℃,极端最高气温为41.0℃(泗洪,1988年7月29日),全省春季平均气温为14.9℃,秋季平均气温为16.4℃。

表 4　江苏省各大城市的气候情况

城市	平均温度（℃）	平均降水量（mm）	平均湿度（%）	酸雨发生概率（%）	酸雨 pH 值	是否临海	自然灾害
南京	15.5	1 019.5	73	40~80	4.85	否	霜冻
苏州	15.7	1 094	80	80.5	5.08	否	冰冻
无锡	15.6	1 048	80	50	5.77	否	干旱、寒潮
常州	15.6	1 086.0	77	62.3	4.57	否	霜冻
镇江	15.6	1 088.2	76	—	5.10	否	霜冻
南通	15.1	1 040	81	—	6.44	是	干旱、寒潮
扬州	15.2	1000	79	—	4.95	否	霜冻
泰州	14.7	1 027.4	80	—	—	否	霜冻
徐州	14.5	8 412	72	没有	—	否	霜冻
宿迁	14.3	902.2	75	没有	—	否	旱涝、暴雪、高温
淮安	14.1~14.9	970	77	没有	—	否	干旱、霜冻
连云港	14.1	883.6	71	—	4.95	是	霜冻
盐城	13.7~14.4	990	78	没有	—	是	霜冻

5.2　研究表明混凝土外部环境的温度、湿度及风速强烈影响着混凝土的收缩徐变。一般认为当混凝土浇筑后 28 d 内外界环境温度大于 30℃，混凝土收缩徐变会大幅度增加；相对湿度对徐变的影响较为复杂，一般认为在相对湿度大于 60% 时，混凝土湿度对收缩徐变的影响不大。有文献表明，相对湿度变化的剧烈程度对徐变的影响更为严重，风速的大小会直接影响到混凝土表面的相对湿度变化剧烈程度，进而影响混凝土徐变。表 2 是依据《公路工程混凝土结构防腐蚀技术规范》JTG/T B07—01 制定的。

6 原材料

6.2 本条文规定了桥梁混凝土所用细集料的技术指标,桥梁混凝土应采用Ⅱ级区、级配良好的中砂。混凝土采用级配不好的砂会导致胶凝材料用量多,孔隙较多,混凝土收缩徐变较大。集料的吸水率会影响混凝土实际水胶比,从而影响混凝土的性能。

6.4 减缩剂适用于超低收缩、超低徐变混凝土,但是减缩剂对混凝土的强度和抗冻性有较大影响,不宜多掺,同时应减少混凝土的水胶比,以满足强度要求,这在沪杭高铁桥梁建设中已经得到成功运用。

7 配合比设计

江苏省内河流密布,桥梁众多。江苏省境内有 8 座长江大桥:苏通大桥、江阴长江大桥、扬中长江大桥(注:未跨长江南北)、润扬长江大桥、南京长江二桥、南京长江大桥(公路铁路两用)、南京长江三桥和崇启大桥;在江苏省内的运河上有很多大桥。众多成功修建的混凝土桥梁不仅使江苏的交通更加方便、快捷,同时也为其混凝土配合比设计提供了宝贵经验。

结合前期成功的桥梁混凝土配合比(见表5)以及沪杭高铁上海松江特大桥的建设经验,提出低收缩低徐变桥梁混凝土单方用水量不得大于 160 kg/m^3,胶凝材料总量宜采用 380～550 kg/m^3,矿物掺合料掺量为胶凝材料总量的 20%～30%。宜采用较低的水胶比,砂率宜采用 37%～44%。优质粉煤灰可以显著降低混凝土收缩徐变值,在配合比设计时,应参照有关标准,合理确定矿物掺合料掺量。

9 养 护

9.1 桥梁混凝土水胶比较低,浇筑后,在水化和蒸发作用的共同影响下,混凝土表面容易失水,从而引起开裂。为满足低收缩低徐变的要求,应按照条文要求对混凝土进行适当的湿养护。

表 5　江苏省大型桥梁混凝土所用原材料及配合比

桥梁名称	修建年代	水泥	外加剂品种	砂	粉煤灰	混凝土强度等级	配合比(水泥:粉煤灰:矿粉:粗集料:细集料:外加剂:水)(kg/m³)	徐变度(×10^{-6}/MPa)(加载龄期均为7 d)
南京长江二桥北汊桥	2001	中国水泥厂 P·O 52.5	高效泵送剂JM-Ⅷ;复合型功能微膨胀剂JM-Ⅲ	安徽芜湖长江产中砂 $M_x=2.55$		C50	500:0:0:1 060:735:8:152	21.9~28.6 (1年)
润扬大桥	2005	水泥黄石华新 P·O 42.5	高效减水剂SP-SN;缓凝剂RY	赣煤中砂 $M_x=2.8$	南京热电厂Ⅰ级粉煤灰	D2标段C50 A标段C60	450:60:0:1 112:626:6.12:159 500:0:0:1 104:649:7.0:170	
苏通大桥	2010	南京华新 P·O 42.5	西卡3301超高效减水剂	赣江中砂 $M_x=2.55$	谏壁电厂Ⅰ级粉煤灰	辅桥C50 主桥C60	384:96:0:1 059:706:5.76:159 407:51:0:1 174:720:3.644:162	
京杭运河特大桥(淮安)		P·O 52.5	JM-Ⅴ标准型(缓凝泵送混凝土高效增强剂)	安徽明光产中砂 $M_x=2.5$		C50	403:92:0:1 136:588:5.94:185	27(90 d)
新通扬运河大桥		江苏东台磊达 P·O 42.5	淮南中凯NF-1HO缓凝高效减水剂	中砂		C50	496:0:0:1 113:654:4.46:152	31(90 d)
五河口特大桥		巨龙52.5(R)	马贝SX	中砂 $M_x=3.07$	南京热电厂Ⅰ级粉煤灰	C60	464:52:0:1 051:163:6.7:163	13.4(90 d)

ISBN 978-7-5641-4712-9

定价：10.00元